La Cadena de Bloques Explicada

Entendiendo la Tecnología Detrás de Bitcoin, los Contratos Inteligentes y las Finanzas Descentralizadas

Por Joe Correa

Publicado por Live Stronger Faster

Este libro es solo para fines educativos e informativos. El autor y el editor no ofrecen asesoramiento legal, financiero ni de ningún otro tipo profesional. Los lectores deben consultar a un profesional calificado antes de tomar cualquier decisión financiera.

Primera Edición

Tabla de Contenidos

Introducción

Antes de poder comprender verdaderamente las criptomonedas, primero debemos entender la poderosa tecnología que hace todo esto posible: la cadena de bloques. Este término se menciona con frecuencia, a menudo rodeado de entusiasmo, misterio o palabras de moda, pero en su esencia, la cadena de bloques es una estructura revolucionaria que está transformando la forma en que intercambiamos valor, verificamos información y generamos confianza sin intermediarios. Ya sea que estés invirtiendo en Bitcoin, explorando contratos inteligentes o adentrándote en el mundo de las finanzas descentralizadas (DeFi), todo se conecta con esta innovación fundamental.

La cadena de bloques no es solo un término técnico: es un nuevo paradigma de interacción digital. Así como internet transformó la comunicación y el comercio, la cadena de bloques está cambiando la manera en que almacenamos, protegemos y transferimos activos. Pero, ¿qué es realmente? ¿Cómo funciona? Y, lo más importante, ¿por qué es relevante para ti como inversionista, emprendedor o persona curiosa por aprender? Eso es exactamente lo que desglosaremos en este libro.

En esta tercera entrega de la serie Crypto Wealth Academy, desmitificaremos la tecnología blockchain con un lenguaje claro y fácil de entender. Eliminaremos la complejidad para revelar la lógica elegante que sustenta este sistema, comenzando por cómo funcionan los bloques, los hashes, los nodos y los mecanismos de consenso. Aprenderás cómo la cadena de bloques proporciona seguridad a través de la descentralización, la inmutabilidad y la transparencia, y por qué estas características son tan valiosas en la economía digital.

A continuación, exploraremos cómo la cadena de bloques impulsa la red de Bitcoin, y luego avanzaremos hacia los contratos inteligentes: acuerdos automatizados y autoejecutables que están transformando industrias desde el sector inmobiliario hasta los seguros. Analizaremos Ethereum, la plataforma de contratos inteligentes más popular del mundo, y por qué sentó las bases para DeFi, los NFTs y una nueva ola de aplicaciones descentralizadas. Si Bitcoin fue el primer capítulo, Ethereum y su ecosistema de contratos inteligentes representan el siguiente gran salto.

También obtendrás una comprensión profunda de cómo las finanzas descentralizadas (DeFi) utilizan la cadena de bloques para eliminar la necesidad de bancos tradicionales e intermediarios financieros. Revisaremos ejemplos de préstamos, créditos, generación de intereses y trading dentro de este ecosistema, así como los riesgos involucrados. Entender la infraestructura blockchain sobre la que funcionan estos sistemas es esencial si planeas invertir, construir o simplemente sobrevivir y prosperar en la economía emergente de Web3.

Al final de este libro, no solo entenderás qué es la cadena de bloques, sino por qué es la base de la próxima revolución digital. Verás cómo se conecta con aplicaciones del mundo real y oportunidades financieras, y cómo esta tecnología, que antes era de nicho, se está convirtiendo en un pilar central de la infraestructura global.

Ya seas un principiante en criptomonedas en busca de claridad, o un aspirante a inversionista o creador que quiere comprender el "por qué" detrás del ruido, este libro es tu puerta de entrada al fascinante mundo de la cadena de bloques. Bienvenido al corazón del movimiento de las criptomonedas. Comencemos.

Capítulo 1: Qué Es la Cadena de Bloques y Por Qué Es Importante

La cadena de bloques a menudo se describe como la columna vertebral de las criptomonedas, pero su importancia va mucho más allá del dinero digital. En esencia, la cadena de bloques es un libro mayor distribuido e inmutable: una base de datos compartida que registra transacciones y es mantenida por una red de computadoras, o nodos, sin necesidad de una autoridad central. Comprender este concepto simple pero poderoso es clave para entender cómo funciona Bitcoin, cómo operan los contratos inteligentes y cómo las finanzas descentralizadas están transformando la banca tradicional.

El sistema financiero tradicional depende en gran medida de intermediarios —bancos, corredores y cámaras de compensación— para mantener la confianza y el registro de operaciones. Cada vez que el dinero cambia de manos, múltiples instituciones participan en la verificación y liquidación de la transacción. Este proceso es lento, costoso y propenso a errores o manipulaciones. La cadena de bloques elimina la necesidad de estos intermediarios al reemplazar la confianza institucional con confianza matemática. En lugar de depender de personas, ahora dependemos del código y del consenso.

Imagina un libro donde cada vez que se llena una página, esta se sella y se conecta con la página anterior mediante una huella criptográfica conocida como hash. Una vez sellada, esa página no puede modificarse sin alterar todas las páginas posteriores, lo cual es prácticamente imposible. Así es, en esencia, como funciona la cadena de bloques. Cada "bloque" de datos contiene un conjunto de transacciones, una marca de tiempo, el hash del bloque anterior y su propio hash único. A medida que los bloques se agregan en secuencia, forman una cadena: la cadena de bloques. Esta estructura garantiza transparencia, integridad y seguridad.

Lo que hace verdaderamente revolucionaria a la cadena de bloques es su naturaleza descentralizada. En lugar de almacenar datos en un solo servidor central, las copias de la cadena de bloques se distribuyen en miles de nodos en todo el mundo. Cada nodo verifica los nuevos bloques mediante algoritmos de consenso, reglas que determinan si una transacción es válida. Bitcoin, por ejemplo, utiliza Prueba de Trabajo (Proof of Work), un sistema en el que los nodos (llamados mineros) resuelven complejos problemas matemáticos para validar transacciones y añadir nuevos bloques. Este consenso descentralizado elimina los puntos únicos de falla y hace que las cadenas de bloques sean resistentes a la censura y extremadamente difíciles de hackear.

Las implicaciones son enormes. La cadena de bloques permite la confianza entre pares a escala global. Puedes enviar dinero a alguien al otro lado del mundo sin necesidad de un banco. Puedes crear contratos que se ejecutan automáticamente sin abogados. Puedes desarrollar aplicaciones que no pueden ser controladas o eliminadas por una sola autoridad. Este cambio es fundamental: transforma la forma en que manejamos el valor, la identidad, la propiedad y la gobernanza en el mundo digital.

Aunque la cadena de bloques se introdujo por primera vez con Bitcoin en 2009, sus aplicaciones van mucho más allá de la moneda. El seguimiento de cadenas de suministro, la identidad digital, los sistemas de votación, los historiales médicos, los bienes raíces y las redes energéticas están siendo reinventados con esta tecnología. El auge de Ethereum y los contratos inteligentes llevó esto aún más lejos, permitiendo lógica programable sobre la cadena de bloques y dando origen a un nuevo universo de aplicaciones descentralizadas (dApps).

Sin embargo, la cadena de bloques no está exenta de desafíos. La escalabilidad, el consumo de energía (especialmente en sistemas de Prueba de Trabajo), la incertidumbre regulatoria y la experiencia del usuario siguen siendo áreas en desarrollo. Aun así, la tecnología continúa evolucionando, con soluciones como Prueba de Participación (Proof of Stake), redes de segunda capa (Layer 2) e interoperabilidad entre cadenas.

En resumen, la cadena de bloques es una máquina de confianza. No se trata solo de criptomonedas, sino de replantear cómo verificamos, registramos y ejecutamos acuerdos en un mundo cada vez más digital y global. Si los datos son el nuevo petróleo, la cadena de bloques es la tubería que los transporta de manera segura y transparente.

La historia de Noah

Noah siempre había sido un entusiasta de la tecnología, el tipo de persona que construía computadoras en su garaje y probaba software en fase beta antes de que nadie más lo conociera. Pero cuando se trataba de criptomonedas, era escéptico. "Solo dinero digital para hackers y cazadores de moda", solía decir. Todo cambió una noche lluviosa de enero, cuando una amiga le presentó el mundo de la cadena de bloques, no con palabras complicadas, sino con un problema real.

Su amiga Ava había lanzado recientemente un pequeño negocio de licencias de arte digital, vendiendo pinturas originales a coleccionistas de todo el mundo. Sin embargo, enfrentaba problemas: plataformas de terceros cobraban tarifas altas, los compradores dudaban por retrasos en pagos internacionales y su arte era copiado sin prueba clara de propiedad. Ava estaba frustrada y buscaba una solución mejor.

Fue entonces cuando le explicó que estaba probando un nuevo modelo usando blockchain. "Puedo integrar el certificado de propiedad de mi obra directamente en la cadena de bloques", dijo. "Nadie puede modificarlo y todos pueden verlo. Me pagan al instante. Sin intermediarios. Sin fraude". Le mostró una interfaz simple donde su pintura estaba vinculada a una transacción en la red de Ethereum. Un contrato inteligente enviaba automáticamente el pago al confirmarse la compra. Era como magia.

Intrigado, Noah comenzó a investigar. Descubrió que la cadena de bloques no era solo sobre criptomonedas, sino un sistema de verdad digital. Almacenaba registros no en un solo servidor, sino en miles de computadoras. Estos registros, llamados bloques, estaban sellados y conectados mediante criptografía avanzada, formando una cadena inquebrantable de confianza. Cada nodo tenía una copia y nadie podía manipularla sin que todo el sistema lo detectara.

Lo comparó con un cuaderno global donde todos pueden escribir, pero nadie puede borrar. No solo servía para dinero, sino para demostrar identidad, transferir propiedad y operar sin depender de bancos, gobiernos o grandes empresas tecnológicas.

Siguió investigando y aprendió cómo Bitcoin utiliza la Prueba de Trabajo para mantener la seguridad del sistema. Los mineros resuelven problemas complejos para ganar el derecho de añadir bloques y recibir Bitcoin como recompensa. Este sistema de incentivos asegura que todos actúen de forma honesta. En lugar de confiar en instituciones, se confía en matemáticas y código.

Lo que más le impactó fue la descentralización. Nadie controla la cadena de bloques. Es un registro global, sin fronteras y prácticamente imposible de detener. Cuando Ava le habló de finanzas descentralizadas —ganar intereses, intercambiar tokens y prestar dinero sin bancos— Noah supo que debía profundizar más.

Pasó horas viendo tutoriales, leyendo documentos técnicos y participando en comunidades en línea. Cada caso de uso ampliaba su perspectiva: agricultores verificando cosechas, inmigrantes enviando dinero sin comisiones, refugiados probando su identidad sin documentos. La cadena de bloques no era solo especulación, era inclusión, transparencia y empoderamiento.

Una noche, mientras observaba un explorador de blockchain con transacciones en tiempo real, tuvo una revelación: "Estoy viendo el futuro desarrollarse, bloque por bloque". En un mundo lleno de desinformación, la cadena de bloques ofrecía una realidad compartida: verificable, transparente y permanente.

Al final del mes, Noah había creado su propio contrato inteligente en Ethereum, emitido su primer token y lanzado una DAO con otros desarrolladores. Lo que comenzó como curiosidad se convirtió en propósito.

La cadena de bloques no era solo una tecnología. Era un cambio de mentalidad. Un mundo donde la confianza se gana, no se asume; donde la propiedad se verifica, no se declara; y donde las oportunidades no se conceden, se programan dentro de una economía digital transparente.

Y Noah... nunca volvió a ver el dinero, la confianza o las instituciones de la misma manera.

Capítulo 2: Cómo Funciona la Cadena de Bloques — Bloques, Hashes, Nodos y Consenso

Para comprender plenamente el poder de la cadena de bloques, es esencial entender sus componentes clave. Aunque el concepto es simple —un libro mayor digital inmutable mantenido por múltiples computadoras— la tecnología subyacente incluye varios elementos que trabajan juntos para hacerlo seguro, transparente y descentralizado. Estos componentes son: bloques, hashes, nodos y mecanismos de consenso. Cada uno desempeña un papel fundamental en la creación de confianza sin depender de una autoridad central.

Comencemos con los bloques. Un bloque es un paquete de datos que contiene una lista de transacciones, una marca de tiempo, el hash del bloque anterior y un nuevo hash que identifica de forma única al bloque actual. En esencia, un bloque es como una página en un libro contable. Una vez que se llena o alcanza un cierto límite de tamaño o tiempo, se sella y se añade a la cadena. Cada bloque se conecta con el anterior, formando así una cadena de bloques.

El hash es lo que asegura el bloque en su lugar. Un hash es una larga cadena de caracteres generada por un algoritmo criptográfico —por ejemplo, Bitcoin utiliza SHA-256— y funciona como una huella digital. Si se cambia incluso un pequeño detalle dentro del bloque, el hash cambia completamente. Esta propiedad hace que la cadena de bloques sea resistente a manipulaciones. Si alguien intenta modificar un bloque, todos los bloques posteriores se vuelven inválidos. Esto le da a la cadena de bloques una de sus características más valiosas: la inmutabilidad.

Los nodos son las computadoras que participan en el mantenimiento y verificación de la cadena de bloques. Cada nodo almacena una copia completa o parcial de la red. Cuando se propone un nuevo bloque, estos nodos trabajan juntos para validar las transacciones y alcanzar consenso, es decir, ponerse de acuerdo sobre si el bloque es válido. Como no existe una base de datos central, la red depende de estos nodos distribuidos para mantenerse segura y sincronizada en todo el mundo.

Ahora, los mecanismos de consenso. Estas son las reglas que los nodos siguen para acordar el estado de la cadena de bloques. El más conocido es la Prueba de Trabajo (Proof of Work), utilizada por Bitcoin. En este sistema, los nodos (mineros) compiten para resolver problemas matemáticos complejos. El primero en lograrlo añade el siguiente bloque y recibe una recompensa en criptomonedas. Aunque es un proceso que consume mucha energía, ofrece un alto nivel de seguridad.

Otro mecanismo popular es la Prueba de Participación (Proof of Stake), donde los validadores son seleccionados según la cantidad de criptomonedas que bloquean como garantía. En lugar de usar gran poder computacional, este sistema se basa en incentivos económicos. Es mucho más eficiente en términos energéticos y se está convirtiendo en el modelo preferido para nuevas cadenas de bloques como Ethereum 2.0, Solana y Cardano.

Veamos cómo funciona todo junto. Una cadena de bloques comienza cuando alguien inicia una transacción, por ejemplo, enviar Bitcoin a un amigo. Esta transacción se transmite a la red. Los nodos la validan comprobando que el remitente tenga saldo suficiente y que las firmas digitales sean correctas. Las transacciones válidas se agrupan en un bloque. Luego, los mineros (en PoW) o validadores (en PoS) compiten o son seleccionados para añadir ese bloque. Una vez añadido, el bloque se convierte en parte permanente de la cadena, visible para cualquiera.

La belleza de este sistema es que ninguna entidad lo controla. La confianza se distribuye entre miles de nodos. Si uno falla, otros continúan. Si alguien intenta alterar la cadena, necesitaría modificar más del 50% de los nodos al mismo tiempo, algo prácticamente imposible en una red grande. Esto hace que la cadena de bloques sea altamente resistente a la censura, el fraude y la corrupción.

Aunque técnica, esta arquitectura es la que impulsa todo, desde transacciones de Bitcoin hasta NFTs, préstamos en DeFi y aplicaciones descentralizadas. Comprender bloques, hashes, nodos y consenso no solo profundiza tu conocimiento, sino que revela por qué la cadena de bloques es una de las estructuras digitales más seguras jamás creadas.

Sofía, la desarrolladora de software

Sofía era una desarrolladora de software de unos treinta y tantos años que vivía en Lisboa, Portugal. Había pasado su carrera creando sistemas seguros para aplicaciones bancarias y plataformas gubernamentales. Era meticulosa, lógica y profundamente escéptica ante las modas tecnológicas, especialmente cuando se trataba de blockchain y criptomonedas. Pero cuando su primo Marco, diseñador de aplicaciones en Brasil, le pidió ayuda para crear una plataforma descentralizada, decidió investigar, más por curiosidad que por convicción.

Marco quería crear un mercado freelance descentralizado, sin bancos ni comisiones abusivas, donde los pagos fueran automáticos mediante contratos inteligentes. Sofía aceptó ayudar, pero primero necesitaba entender cómo funcionaba todo.

Al estudiar, descubrió que una cadena de bloques es una secuencia creciente de bloques digitales que contienen datos y están conectados de manera que la manipulación es casi imposible. Analizó bloques reales de Bitcoin y observó cómo cada uno contenía cientos de transacciones verificadas, junto con un hash único que dependía completamente de su contenido.

Le fascinó cómo cada bloque incluía el hash del anterior, formando una cadena. Si un bloque cambiaba, toda la cadena se rompía. Era un sistema brillante de inmutabilidad basado en matemáticas, no en confianza humana.

Luego exploró los nodos: computadoras distribuidas que verifican y almacenan la información. No había un servidor central, sino miles de nodos que trabajaban juntos, como una democracia global de datos.

También analizó los mecanismos de consenso. Observó cómo la Prueba de Trabajo hacía competir a los mineros en una carrera matemática, donde la recompensa incentivaba el comportamiento honesto. Luego estudió la Prueba de Participación, más eficiente, donde los validadores son elegidos según su inversión en la red.

Junto con Marco, creó un prototipo. Cuando un freelancer completaba un trabajo, el pago quedaba retenido en un contrato inteligente y se liberaba automáticamente al aprobarse. Sin bancos, sin retrasos, sin intermediarios. Todo registrado en la cadena de bloques de forma transparente e inmutable.

Al ver el sistema en acción, Sofía comprendió que blockchain no era una moda, sino una nueva infraestructura digital basada en código verificable y consenso global.

No era solo un sistema. Era un movimiento. Y ahora, ella formaba parte de él.

Capítulo 3: Contratos Inteligentes — El Código como Ley

Los contratos inteligentes son una de las innovaciones más revolucionarias que han surgido de la tecnología blockchain. Mientras que criptomonedas como Bitcoin transformaron la forma en que almacenamos y transferimos valor, los contratos inteligentes están cambiando cómo creamos acuerdos en el mundo digital: acuerdos sin necesidad de confianza, automáticos y autoejecutables. Permiten la creación de aplicaciones, plataformas y sistemas que funcionan exactamente como fueron programados, sin interrupciones, censura ni errores humanos.

En su nivel más básico, un contrato inteligente es simplemente código almacenado y ejecutado en una cadena de bloques. Se activa cuando se cumplen ciertas condiciones, sin necesidad de intermediarios. Es similar a una máquina expendedora: insertas dinero, eliges un producto y la máquina lo entrega automáticamente. No hay cajero ni supervisión, solo lógica y automatización. De la misma manera, un contrato inteligente puede transferir fondos, crear tokens o conceder acceso cuando se cumplen reglas predefinidas.

Estos contratos existen en blockchains programables, siendo Ethereum la plataforma pionera y más utilizada. Ethereum introdujo un lenguaje de programación llamado Solidity, que permite a los desarrolladores crear contratos inteligentes capaces de gestionar desde campañas de financiamiento colectivo hasta sistemas de identidad digital y protocolos de finanzas descentralizadas.

Por ejemplo, imagina que Alicia quiere vender un archivo de arte digital a Bob. En lugar de usar una plataforma de pago, utilizan un contrato inteligente. Alicia sube el archivo y establece el precio. Bob envía el dinero al contrato. Una vez confirmado el pago, el contrato entrega automáticamente el archivo a Bob y el dinero a Alicia. Ninguna de las partes puede engañar a la otra. El código gobierna la transacción, no una empresa ni un tercero.

Los beneficios de los contratos inteligentes son numerosos:
Confianza sin intermediarios: No necesitas confiar en la otra persona, solo en el código.
Automatización: Todo ocurre de forma instantánea y automática.
Transparencia: Cualquiera puede ver el código y entender lo que hará.
Seguridad: Una vez implementados, no pueden ser alterados

fácilmente.

Eficiencia: Eliminan papeleo, retrasos y procesos manuales.

Sin embargo, también presentan riesgos y desafíos. El mayor problema son los errores en el código. Debido a que la blockchain es inmutable, una vez que un contrato inteligente se implementa, generalmente no se puede modificar. Si contiene fallas, puede ser explotado por hackers, como ocurrió en el famoso hackeo de la DAO en 2016, donde se perdieron más de 50 millones de dólares. Esto generó un gran debate y llevó incluso a una bifurcación de la red Ethereum.

Otra preocupación es su validez legal. Aunque el código ejecute una acción, puede no tener reconocimiento en tribunales tradicionales. Además, existen los costos de ejecución (gas fees), especialmente en Ethereum, que pueden ser elevados durante momentos de alta demanda.

A pesar de estos desafíos, el ecosistema de contratos inteligentes está creciendo rápidamente. Protocolos DeFi como Uniswap, Aave y Compound utilizan contratos inteligentes para gestionar miles de millones de dólares sin bancos tradicionales. Las DAOs (Organizaciones Autónomas Descentralizadas) operan completamente mediante contratos inteligentes, y los NFTs también se crean y transfieren usando esta lógica.

En el futuro, podrían surgir contratos legales inteligentes que combinen lenguaje humano con código ejecutable. Esto podría transformar industrias como el derecho, los bienes raíces y los seguros. De hecho, gobiernos y grandes empresas ya están experimentando con contratos inteligentes para seguimiento de cadenas de suministro, registros de propiedad y cumplimiento automatizado.

En conclusión, los contratos inteligentes representan el paso de los acuerdos tradicionales escritos en papel a reglas digitales escritas en código. No son solo acuerdos, son sistemas que se ejecutan por sí mismos. Si estás explorando el mundo de las criptomonedas, DeFi o Web3, entender los contratos inteligentes te dará una gran ventaja. Son los bloques fundamentales de una economía autónoma y descentralizada que está redefiniendo cómo interactuamos, realizamos transacciones y construimos en la era digital.

Layla, la abogada corporativa

Layla era una abogada corporativa en Londres con más de una década redactando contratos para empresas multinacionales. Sus días estaban llenos de negociaciones, revisiones interminables y correos electrónicos sobre cada detalle legal. Cuando escuchó por primera vez el término "contrato inteligente", lo descartó con una sonrisa: "Ningún código puede reemplazar a un abogado". Pero la curiosidad la llevó a investigar.

Esa noche, vio un video sobre contratos inteligentes y quedó sorprendida. Descubrió que los acuerdos podían escribirse en código, vivir en la blockchain y ejecutarse automáticamente sin intervención humana.

A medida que profundizaba, entendió que no eran contratos tradicionales, sino programas autónomos. El código definía las reglas, la ejecución y los resultados. No se necesitaba hacer cumplir el acuerdo: el sistema lo hacía automáticamente.

Un ejemplo la impactó especialmente: un músico que dividía automáticamente sus ingresos entre él y su productor mediante un contrato inteligente. Cada pago se distribuía instantáneamente sin papeleo ni disputas.

Decidida a aprender más, contactó a su amiga Mira, una desarrolladora. Juntas crearon un contrato inteligente para un alquiler digital. El contrato retenía el depósito, otorgaba acceso y devolvía el dinero automáticamente al finalizar el acuerdo si no había incumplimientos.

Layla quedó impresionada. Vio cómo este sistema podía eliminar muchos problemas del mundo real: pagos, contratos freelance, seguros y transacciones inmobiliarias.

Pero también comprendió los riesgos. Un error en el código podía tener consecuencias devastadoras. En blockchain, el código no interpreta intenciones, solo ejecuta instrucciones.

"El código es la ley", le dijo Mira. Y Layla entendió tanto el poder como el peligro de esa frase.

Con el tiempo, Layla evolucionó profesionalmente. Comenzó a trabajar con startups, combinando contratos legales tradicionales con código en blockchain. Ya no solo redactaba contratos: los implementaba.

En ese proceso, comprendió algo fundamental: el futuro del derecho no solo se debatirá en tribunales, sino que se ejecutará directamente en la blockchain, línea por línea de código.

Capítulo 4: Ethereum y el Auge de las Aplicaciones Descentralizadas (dApps)

Bitcoin puede haber introducido al mundo a la tecnología blockchain, pero Ethereum mostró lo que realmente era posible con ella. Ethereum es la primera plataforma blockchain que permitió contratos inteligentes programables, lo que dio a los desarrolladores la capacidad de crear aplicaciones descentralizadas (dApps) que operan sin depender de una autoridad central. Transformó la blockchain de un simple libro contable en un entorno de ejecución: una computadora global sin confianza.

Ethereum fue propuesto por Vitalik Buterin en 2013 como respuesta a las limitaciones de Bitcoin. Mientras que Bitcoin fue diseñado únicamente para transferencias de valor entre pares, Ethereum fue concebido como una plataforma de propósito general. Introdujo el concepto de una blockchain Turing-completa, capaz de ejecutar cualquier código programable. Esto permitió a los desarrolladores implementar contratos inteligentes y aplicaciones descentralizadas que podían hacer desde emitir tokens hasta crear organizaciones autónomas completas.

La red de Ethereum funciona con su propia criptomoneda,

Ether (ETH), que se utiliza para pagar transacciones y ejecución de código. Cada acción en Ethereum —transferir tokens, ejecutar contratos o actualizar datos— requiere una pequeña tarifa llamada "gas". Esto incentiva la eficiencia y evita el uso excesivo de recursos en la red.

El crecimiento de Ethereum impulsó el auge de las dApps: aplicaciones abiertas, descentralizadas y gobernadas por contratos inteligentes en lugar de servidores centralizados. Algunos ejemplos incluyen:

Uniswap – un exchange descentralizado que permite intercambiar tokens sin intermediarios.

Aave y Compound – protocolos de préstamos donde los usuarios pueden generar intereses o pedir prestado usando criptomonedas como garantía.

OpenSea – una plataforma para comprar y vender NFTs.

DAOs – organizaciones autónomas descentralizadas que gestionan fondos, votaciones y gobernanza mediante reglas en blockchain.

Lo que hace únicas a las dApps es que, una vez implementadas, no pueden modificarse fácilmente. Funcionan exactamente como fueron programadas, visibles para cualquiera y sin control de una sola entidad. Esto las hace resistentes a la censura, transparentes y accesibles para cualquier persona con conexión a internet y una billetera digital.

Sin embargo, construir sobre Ethereum también presenta desafíos. Las tarifas de gas pueden aumentar durante períodos de alta demanda, encareciendo las transacciones. Además, su arquitectura original era limitada en velocidad, procesando alrededor de 15 transacciones por segundo. Estas limitaciones impulsaron el desarrollo de soluciones de escalado como Arbitrum y Optimism, así como la transición a Proof of Stake en Ethereum 2.0.

Otra innovación clave fue el estándar ERC-20, que permitió crear tokens personalizados bajo reglas comunes. Esto facilitó el auge de las ICO en 2017 y sentó las bases para el crecimiento de DeFi y los NFTs. Posteriormente surgieron estándares como ERC-721 (NFTs) y ERC-1155, ampliando aún más las posibilidades creativas y financieras.

En esencia, Ethereum hizo que la blockchain fuera programable, desbloqueando un universo de aplicaciones que no dependen de bancos, gobiernos o grandes empresas tecnológicas. Permitió que cualquier persona se convierta en creador, inversionista o participante en sistemas descentralizados sin intermediarios.

Comprender Ethereum es esencial si quieres ir más allá de simplemente invertir en criptomonedas y comenzar a interactuar con el nuevo internet. Ya sea que estés creando NFTs, participando en DAOs, usando DeFi o desarrollando tu propia aplicación, Ethereum es la base. Redefinió lo que blockchain puede ser y continúa moldeando el futuro de la innovación descentralizada.

La historia de Luca

Antes de descubrir Ethereum, Luca solo conocía Bitcoin como dinero digital. Exdiseñador de videojuegos y consultor UX, le interesaba más la tecnología interactiva que las finanzas. Todo cambió cuando se unió a un grupo de desarrolladores de juegos basados en blockchain y escuchó el término "dApp".

Intrigado, aprendió que Ethereum no era solo una moneda, sino una plataforma programable donde se podían construir aplicaciones sin servidores centrales. Eran programas que, una vez desplegados, funcionaban para siempre.

Imaginó juegos donde los jugadores realmente poseían sus activos, podían intercambiarlos libremente y no dependían de empresas. Decidió aprender Solidity y creó su primera dApp: un juego de criaturas digitales representadas como NFTs.

Pero pronto encontró un problema: las tarifas de gas. Durante momentos de alta actividad, los usuarios pagaban costos elevados por interactuar con el juego. Esto lo llevó a explorar soluciones como Polygon y Arbitrum, reduciendo costos significativamente.

A medida que avanzaba, comenzó a usar plataformas como Uniswap para intercambiar tokens, Aave para préstamos y participó en DAOs. Ya no solo usaba aplicaciones, formaba parte de economías digitales descentralizadas.

Lo que más le impactó fue la transparencia. Podía ver cada contrato, cada transacción y cada línea de código. No había secretos, solo lógica verificable.

Con el tiempo, empezó a asesorar a otros desarrolladores, ayudándolos a integrar blockchain en sus proyectos. Comprendió que los desarrolladores ya no eran empleados de plataformas, sino creadores de protocolos.

Ethereum lo transformó de usuario a creador, y de creador a creyente. Aunque tenía desafíos, representaba una nueva frontera donde la libertad digital y la participación económica estaban al alcance de todos.

Al ver a usuarios de diferentes países interactuar y generar ingresos dentro de su juego, Luca entendió que esto no era solo tecnología, era un movimiento.

Ethereum no solo creó una nueva blockchain. Creó un nuevo internet, donde la propiedad, la identidad y el valor pertenecen a quienes lo usan.

Capítulo 5: Finanzas Descentralizadas (DeFi) — Banca Sin Bancos

Las Finanzas Descentralizadas, o DeFi, representan uno de los casos de uso más poderosos de la tecnología blockchain. Es un ecosistema en rápido crecimiento de aplicaciones financieras que funcionan en redes descentralizadas —principalmente Ethereum— permitiendo a cualquier persona, en cualquier lugar, prestar, pedir prestado, generar intereses, intercambiar activos y mucho más, todo sin bancos tradicionales ni intermediarios. En lugar de depender de la confianza en instituciones, DeFi se basa en contratos inteligentes transparentes y código verificable públicamente.

En su esencia, DeFi consiste en tomar cada función que realiza un banco o institución financiera —ahorro, préstamos, seguros, inversión— y reconstruirla sobre la infraestructura blockchain. Esto significa que los productos financieros ahora están disponibles para cualquier persona con conexión a internet y una billetera cripto. No hay verificaciones de crédito, papeleo ni gestores de cuenta. Interactúas con código, no con personas, y ese código ejecuta automáticamente la lógica financiera.

Uno de los usos más populares de DeFi son los protocolos de préstamos. Plataformas como Aave y Compound permiten a los usuarios depositar criptomonedas para ganar intereses o utilizarlas como garantía para pedir prestados otros activos. Estos sistemas gestionan automáticamente préstamos, tasas de interés y liquidaciones mediante contratos inteligentes. Si el valor de tu garantía cae demasiado, el sistema liquida automáticamente parte de tus fondos. Es eficiente, pero también implacable.

Otra área clave son los exchanges descentralizados (DEX) como Uniswap y SushiSwap, donde los usuarios pueden intercambiar tokens directamente sin intermediarios. Estas plataformas utilizan pools de liquidez —fondos aportados por usuarios— que reciben comisiones por cada operación. En lugar de libros de órdenes tradicionales, usan creadores de mercado automatizados (AMM), algoritmos que ajustan precios según la oferta y la demanda.

También existe el yield farming y la minería de liquidez, donde los usuarios mueven sus fondos entre diferentes protocolos para obtener mayores rendimientos. Algunos combinan estrategias para maximizar ganancias, aunque esto conlleva riesgos elevados, ya que muchos proyectos son experimentales o no auditados.

Un componente revolucionario de DeFi son las stablecoins como DAI, que están vinculadas al dólar estadounidense pero operan de forma descentralizada. Estas monedas aportan estabilidad de precios y permiten realizar actividades financieras sin necesidad de usar dinero tradicional. Puedes generar intereses, pedir préstamos o realizar pagos sin tocar un banco.

Otra innovación importante son las DAOs (Organizaciones Autónomas Descentralizadas), donde los usuarios con tokens pueden votar decisiones como cambios en tasas de interés o actualizaciones del sistema. Esto crea instituciones financieras gobernadas por la comunidad, sin directores ni ejecutivos, solo participantes y código.

Sin embargo, DeFi no está exento de riesgos. Es un entorno altamente experimental. Errores en contratos inteligentes han causado pérdidas millonarias, y ataques como los "flash loans" han expuesto vulnerabilidades. Además, la regulación sigue siendo incierta, ya que estas plataformas operan sin fronteras ni licencias tradicionales.

Aun así, el potencial de DeFi es enorme. En regiones con sistemas bancarios inestables o acceso limitado al crédito, DeFi ofrece una alternativa real hacia la libertad financiera.

También está impulsando nuevas innovaciones como activos sintéticos, acciones tokenizadas y seguros automatizados.

En conclusión, DeFi representa un cambio fundamental: pasar de un sistema financiero centralizado a uno abierto, programable y sin permisos. No se trata solo de reemplazar bancos, sino de construir un nuevo internet financiero donde cualquier persona puede participar, innovar y generar riqueza en igualdad de condiciones.

La historia de Carlos y su billetera MetaMask

Carlos era un pequeño empresario en Argentina. Había vivido múltiples crisis financieras: devaluaciones, cuentas congeladas e inflación descontrolada. Cada vez que intentaba ahorrar, algo fuera de su control destruía sus planes. Después de perder gran parte de sus ahorros en una crisis bancaria, dejó de confiar en el sistema tradicional.

Todo cambió cuando su sobrino Diego le habló de DeFi. Aunque al principio parecía complicado, decidió intentarlo. Abrió una billetera MetaMask y depositó $100 en DAI en la plataforma Aave. En pocas horas, vio cómo generaba intereses automáticamente.

Con el tiempo, aprendió cómo funcionaban los préstamos descentralizados. Descubrió que podía ganar rendimiento sin bancos y, lo más importante, sin riesgo de que sus fondos fueran congelados.

Luego exploró Uniswap, donde pudo intercambiar activos y aportar liquidez para ganar comisiones. Se dio cuenta de que podía beneficiarse del sistema sin necesidad de adivinar el mercado.

También experimentó con yield farming y comenzó a participar en DAOs, votando decisiones dentro de plataformas. Por primera vez, sentía que tenía control sobre su dinero.

Sin embargo, no todo fue positivo. En un intento por obtener altos rendimientos, invirtió en un proyecto no auditado y perdió dinero debido a un hackeo. Aprendió la importancia de la seguridad y la investigación.

A partir de ese momento, utilizó solo plataformas confiables y empezó a proteger su dinero convirtiéndolo en stablecoins durante períodos de alta inflación. Mientras otros perdían valor, él mantenía su capital e incluso generaba ganancias.

Con el tiempo, Carlos comenzó a enseñar a otros. Ayudó a amigos y emprendedores a usar DeFi, convirtiéndose en un puente entre el sistema financiero tradicional y el nuevo sistema descentralizado.

Para Carlos, DeFi no era solo una inversión. Era independencia financiera, basada no en instituciones, sino en código. Sin bancos, sin restricciones, solo transparencia, control y oportunidades para quienes deciden tomar el control de su dinero.

Capítulo 6: NFTs — Propiedad Digital en la Era de la Cadena de Bloques

Los NFTs, o tokens no fungibles, son una de las aplicaciones más visibles de la tecnología blockchain y, al mismo tiempo, una de las más incomprendidas. Aunque ganaron popularidad a través del arte digital y la cultura de los memes, su verdadero impacto va mucho más allá de los coleccionables. Los NFTs representan una nueva forma de verificar, poseer y transferir activos digitales de manera descentralizada, transparente y segura. En términos simples, permiten que la propiedad digital sea comprobable y transferible.

El término "no fungible" significa que el activo es único y no intercambiable. A diferencia de monedas como Bitcoin o el dólar, donde cada unidad es igual a otra, los NFTs son distintos entre sí, como una obra de arte o una propiedad inmobiliaria. Esta singularidad es lo que les da valor.

Los NFTs generalmente se crean en Ethereum utilizando estándares como ERC-721 o ERC-1155. Estos tokens están controlados por contratos inteligentes que definen su propiedad, metadatos y transferencias. La blockchain registra permanentemente quién es el creador, quién es el propietario actual y todas las transacciones, lo que se conoce como procedencia digital.

Uno de los usos más conocidos de los NFTs es el arte digital. Los artistas pueden convertir sus obras en NFTs y venderlas directamente en plataformas como OpenSea o Rarible. Además, pueden programar regalías automáticas para recibir ingresos cada vez que su obra se revenda, creando una fuente de ingresos continua.

Sin embargo, los NFTs van mucho más allá del arte. Se utilizan para:

Derechos musicales y regalías

Terrenos virtuales en metaversos

Entradas a eventos seguras y transferibles

Activos en videojuegos como personajes o armas

Identidad digital, diplomas y certificados

Tokenización de activos físicos como relojes o vinos de colección

Los NFTs también son fundamentales en el mundo de Web3, donde los usuarios controlan sus datos, activos digitales e identidad en línea. Un NFT puede representar desde un avatar hasta credenciales digitales que se pueden usar en múltiples plataformas.

Existen desafíos importantes. Uno es el impacto ambiental (aunque ha disminuido con el cambio a Proof of Stake). Otro es la especulación y las estafas, ya que muchos proyectos carecen de valor real. Además, poseer un NFT no siempre implica tener derechos de autor sobre el contenido, lo que genera confusión legal.

A pesar de esto, el potencial es enorme. Los NFTs convierten internet en un espacio donde la propiedad está integrada desde el inicio. Permiten a creadores y comunidades construir economías digitales donde el valor se comparte directamente sin intermediarios.

En el futuro, los NFTs podrían utilizarse para registros médicos, títulos de propiedad o experiencias inmersivas en el metaverso. Ya sea como arte, acceso o identidad, están sentando las bases de un mundo digital más interactivo y centrado en el usuario.

La historia de Maya

Maya era una ilustradora digital de Manila que había creado arte toda su vida. Tenía seguidores en redes sociales y vendía impresiones, pero le costaba generar ingresos constantes. Además, su trabajo era copiado con frecuencia sin reconocimiento.

Todo cambió cuando descubrió los NFTs. Aprendió a usar plataformas como OpenSea y creó su primera obra digital en blockchain. Para su sorpresa, se vendió en menos de 48 horas. Por primera vez, alguien no solo veía su arte, sino que lo poseía oficialmente.

Lo más emocionante fue poder ganar regalías automáticas en reventas. Esto convirtió su trabajo en una fuente de ingresos pasivos.

Maya comenzó a expandirse, creando nuevas piezas, colaborando con otros artistas y conectando con una comunidad global. Sin embargo, también enfrentó desafíos: estafas, errores y plagio. Aun así, la blockchain le permitió demostrar su autoría.

Con el tiempo, evolucionó hacia NFTs con utilidad: acceso a talleres, contenido exclusivo y beneficios para sus seguidores. Incluso colaboró en videojuegos y metaversos, llevando su arte a nuevos espacios digitales.

Los NFTs le dieron algo más que ingresos: le dieron independencia. Ya no dependía de plataformas ni intermediarios. Se convirtió en su propia marca, su propia galería y su propio negocio.

Una noche, al ver una notificación de reventa de su arte, sonrió. Lo que antes era un internet lleno de copias y anonimato, ahora era un espacio donde la propiedad importaba y los creadores tenían poder.

Capítulo 7: Casos de Uso de la Cadena de Bloques Más Allá de las Criptomonedas

Aunque la cadena de bloques suele asociarse con las criptomonedas, sus aplicaciones van mucho más allá de Bitcoin o Ethereum. De hecho, su impacto más revolucionario puede encontrarse en industrias donde la confianza, la transparencia, la verificación y la eficiencia son esenciales, pero donde los sistemas tradicionales son ineficientes o vulnerables. La realidad es que la cadena de bloques no es solo una innovación financiera, sino una revolución en infraestructura.

1. Gestión de la cadena de suministro
   Uno de los usos más prometedores es el seguimiento de productos. Las cadenas de suministro tradicionales dependen de múltiples actores y documentación, lo que genera errores y fraudes. La cadena de bloques permite rastreo en tiempo real, inmutable y transparente. Empresas como IBM y Walmart ya la utilizan para verificar el origen de alimentos y mejorar la seguridad alimentaria.
2. Salud y registros médicos
   Los historiales médicos suelen estar fragmentados. Con blockchain, los pacientes pueden tener control total

sobre sus datos, compartiéndolos de forma segura entre médicos y hospitales. Esto reduce errores, mejora diagnósticos y protege la privacidad.

3. Bienes raíces y propiedad
   El sector inmobiliario está lleno de burocracia y fraude. Blockchain permite registrar propiedades de forma segura, permanente y verificable. Los contratos inteligentes pueden automatizar transferencias y eliminar intermediarios. Países como Georgia y Suecia ya están probando estos sistemas.
4. Identidad digital
   En el mundo digital, la identidad es clave pero vulnerable. Blockchain permite crear identidades autosoberanas, donde los usuarios controlan sus datos sin depender de plataformas centralizadas. Esto mejora la privacidad y reduce el riesgo de hackeos.
5. Votación y gobernanza
   Los sistemas electorales enfrentan problemas de fraude y falta de transparencia. Blockchain puede ofrecer votaciones seguras, verificables y auditables. Cada voto queda registrado y puede ser validado sin comprometer la identidad del votante.
6. Educación y certificaciones
   Los títulos académicos pueden falsificarse fácilmente. Con blockchain, las instituciones pueden emitir

diplomas verificables y permanentes. Esto permite a empleadores validar credenciales de manera instantánea.

7. Energía y sostenibilidad

   Blockchain permite el comercio directo de energía entre usuarios, como hogares con paneles solares. También se utiliza para rastrear créditos de carbono y promover prácticas sostenibles mediante incentivos digitales.

El valor de la cadena de bloques radica en generar confianza a través de la descentralización. Donde haya necesidad de verificar propiedad, registrar datos o eliminar intermediarios, blockchain ofrece una solución más eficiente y segura.

La historia de Amara

Amara era gerente de logística en una empresa exportadora agrícola en Kenia. Su trabajo implicaba coordinar envíos de café, aguacates y nueces, pero enfrentaba constantes problemas: documentos perdidos, retrasos y falta de verificación del origen de los productos.

Descubrió blockchain en un seminario sobre innovación y quedó fascinada al ver cómo podía registrar cada paso de un producto en un sistema transparente e inalterable. Decidió implementar un proyecto piloto con códigos QR vinculados a blockchain para rastrear envíos en tiempo real.

Los resultados fueron inmediatos: todos los participantes en la cadena de suministro podían ver la misma información en tiempo real. No había excusas ni manipulaciones, solo datos verificables.

Al mismo tiempo, su hermana Leila utilizaba blockchain en el sector salud, donde los pacientes controlaban sus historiales médicos. Esto mejoró la calidad del servicio y redujo errores médicos.

Amara también descubrió aplicaciones en bienes raíces, donde blockchain podía evitar fraudes en la propiedad de tierras, y en sistemas de votación más transparentes.

Con el tiempo, Amara se convirtió en una experta y comenzó a presentar sus resultados en conferencias internacionales. También exploró el uso de blockchain en educación y energía, incluso participando en redes de energía descentralizada.

Para ella, blockchain dejó de ser un concepto abstracto y se convirtió en una herramienta real para combatir la corrupción, la ineficiencia y la falta de transparencia.

Mientras observaba cómo un envío se actualizaba en la blockchain en tiempo real, sonrió y dijo: “Esto ya no se trata de Bitcoin. Se trata de construir un mundo donde la verdad esté en el código.”

Capítulo 8: Riesgos, Estafas y Seguridad en el Mundo de la Cadena de Bloques

Aunque la tecnología blockchain es revolucionaria, el ecosistema aún es joven, volátil y lleno de riesgos. A pesar de su transparencia y descentralización, no está exento de errores humanos, actores maliciosos y vulnerabilidades técnicas. Para navegar este mundo con seguridad, es fundamental comprender los riesgos más comunes, las estafas frecuentes y las prácticas clave de protección de activos digitales.

1. Phishing e ingeniería social
   Muchas estafas comienzan con intentos de phishing, donde los atacantes engañan a los usuarios para revelar información privada como frases semilla o claves privadas. Sitios falsos, perfiles falsos y mensajes engañosos son comunes. Un solo error puede vaciar tu billetera en segundos.
   La regla es clara: nunca compartas tus claves privadas ni tu frase semilla. Verifica siempre las URLs, guarda páginas oficiales y desconfía de cualquier solicitud sospechosa.
2. Rug pulls y proyectos fraudulentos
   En DeFi y NFTs, un "rug pull" ocurre cuando un proyecto aparentemente legítimo desaparece con el

dinero de los inversionistas. Los desarrolladores inflan el precio y luego retiran la liquidez.

Antes de invertir: investiga al equipo, verifica auditorías del contrato y revisa la distribución del token. Evita proyectos basados solo en hype.

3. Explotaciones de contratos inteligentes

   Los contratos inteligentes pueden contener errores. Si tienen fallas, pueden ser explotados por hackers, causando pérdidas millonarias.

   Ataques comunes incluyen: préstamos flash, errores de reentrada y controles deficientes. La mejor defensa es usar plataformas auditadas y con reputación sólida.

4. Riesgos de claves privadas y billeteras

   Tu billetera es tu banco. Si pierdes tu clave privada, pierdes todo. No hay recuperación. Malware o accesos no autorizados pueden robar fondos sin posibilidad de reversión.

   Para protegerte: usa billeteras físicas, guarda tu frase semilla offline, utiliza autenticación de dos factores y evita dispositivos públicos.

5. Riesgos regulatorios y legales

   La regulación de criptomonedas aún está en desarrollo. Dependiendo de tu país, puedes enfrentar impuestos, restricciones o cambios legales inesperados.

   Es importante mantenerse informado, reportar ingresos

correctamente y usar plataformas reguladas cuando sea posible.

6. Trampas psicológicas y emocionales
   El mercado cripto es altamente volátil. Muchas estafas se aprovechan del miedo a perder oportunidades (FOMO). Decisiones impulsivas pueden llevar a grandes pérdidas.
   La disciplina es clave: invierte solo lo que puedes perder, diversifica y sigue una estrategia clara.

La blockchain ofrece libertad financiera, pero también responsabilidad total. No hay servicio al cliente. Tú eres tu propio banco, tu propio sistema de seguridad y tu propio investigador. Con educación, atención y pensamiento crítico, puedes proteger tus activos y prosperar en este entorno.

La historia de Ethan

Ethan, un desarrollador web en Toronto, se consideraba experto en tecnología. Había invertido en criptomonedas desde 2017, pero durante el auge de DeFi y NFTs en 2021, cometió un error crítico.

Recibió un mensaje en Discord de un supuesto moderador que ofrecía una oportunidad exclusiva. El mensaje parecía legítimo, y sin pensarlo, conectó su billetera y aprobó una transacción. En segundos, todos sus fondos desaparecieron.

Había sido víctima de phishing. No fue hackeado; él mismo autorizó el acceso. Y en blockchain, no hay forma de revertir una transacción.

A partir de ese momento, decidió aprender. Investigó rug pulls, vulnerabilidades en contratos y errores comunes. Compró una billetera física, protegió sus claves y comenzó a usar billeteras separadas para pruebas.

También cambió su mentalidad. Dejó de seguir tendencias y empezó a analizar proyectos con rigor: auditorías, equipo, utilidad real.

Con el tiempo, se convirtió en educador en seguridad cripto, ayudando a otros a evitar errores similares.

Ethan comprendió que el riesgo es inevitable, pero puede gestionarse. En el mundo descentralizado, la responsabilidad es personal. Y esa conciencia marca la diferencia entre perderlo todo o construir riqueza con seguridad.

legítimo, y sin pensarlo, conectó su billetera y aprobó una transacción. En segundos, todos sus fondos desaparecieron.

Había sido víctima de phishing. No fue hackeado: él mismo autorizó el acceso. Y en blockchain, no hay forma de revertir una transacción.

A partir de ese momento, decidió aprender. Investigó rug pulls, vulnerabilidades en contratos y errores comunes. Compró una billetera física, [illegible] sus claves y empezó a usar [illegible] separadas.

También cambió su mentalidad. Dejó de seguir tendencias y empezó a analizar proyectos con rigor: auditorías, equipo, utilidad real.

Hoy Ethan se convirtió en educador en seguridad cripto, ayudando a otros a evitar errores similares.

Ethan comprendió que el riesgo es inevitable, pero puede gestionarse. En el mundo descentralizado, la responsabilidad es personal. Y esa conciencia marca la diferencia entre perderlo todo o construir riqueza con seguridad.

Capítulo 9: El Futuro de la Cadena de Bloques — Web3, Metaverso y Disrupción Global

La tecnología blockchain ya no es solo una innovación financiera: se está convirtiendo en la base de una nueva era digital. A medida que internet evoluciona más allá de sitios estáticos y plataformas centralizadas, entramos en la era de Web3, un internet descentralizado impulsado por blockchain, criptomonedas, contratos inteligentes y economías basadas en tokens. Esta transformación promete cambiar la forma en que nos comunicamos, creamos, colaboramos y generamos ingresos en el mundo digital.

1. Web3 — Un internet descentralizado
   Web1 era solo lectura. Web2 introdujo interacción con redes sociales y contenido generado por usuarios, pero bajo control de grandes empresas. Web3 propone un internet donde los usuarios son dueños de sus datos, identidad y activos digitales.
   En este nuevo modelo, las billeteras reemplazan los inicios de sesión, los contratos inteligentes automatizan procesos y los usuarios participan en la gobernanza

mediante tokens y DAOs. El poder se redistribuye hacia las personas.

2. El Metaverso – Vida digital en blockchain

   El metaverso representa mundos digitales inmersivos donde las personas interactúan, trabajan, compran y crean. Blockchain permite verificar propiedad digital dentro de estos espacios.

   En plataformas como Decentraland o The Sandbox, los usuarios pueden comprar terrenos virtuales, vender NFTs, asistir a eventos y generar ingresos. Cada activo es un NFT, lo que garantiza propiedad real y transferible.

3. DAOs y gobernanza descentralizada

   Las DAOs permiten que comunidades tomen decisiones colectivas mediante votación basada en tokens. Desde inversiones hasta gestión de plataformas, estas organizaciones redefinen la forma en que se lidera y se colabora globalmente.

4. Tokenización de todo

   Blockchain permite convertir activos reales en tokens digitales. Bienes raíces, acciones, música o arte pueden dividirse en pequeñas participaciones, facilitando el acceso a inversiones globales. Esto democratiza la riqueza y crea nuevas oportunidades económicas.

5. Impacto económico global

   Blockchain está transformando industrias completas:

   Finanzas: DeFi desafía la banca tradicional

   Gaming: economías play-to-earn

   Redes sociales: control de datos por el usuario

   Educación: credenciales verificables

   Salud: intercambio seguro de datos

   En mercados emergentes, ofrece inclusión financiera y nuevas oportunidades de ingresos.

6. Desafíos futuros

   El camino no está libre de obstáculos:

   Escalabilidad

   Interoperabilidad

   Regulación

   Educación del usuario

   Eficiencia energética

   A pesar de estos retos, el potencial sigue siendo enorme.

En conclusión, la cadena de bloques no es una tendencia pasajera, sino un pilar del futuro digital. Está construyendo un mundo donde la confianza es programable, la propiedad es digital y las oportunidades son accesibles globalmente. Entender esto hoy significa estar preparado para liderar en la próxima era.

La historia de Jules

Jules, diseñadora UX en Ámsterdam, sentía que el internet se había estancado bajo plataformas centralizadas. Todo cambió cuando participó en un hackathon de Web3.

Allí descubrió un internet donde los usuarios controlan su identidad y monetizan directamente su contenido. Trabajó en una red social descentralizada donde los usuarios votaban decisiones y ganaban tokens por su participación.

Su mayor descubrimiento fue el metaverso. Compró terreno virtual, creó una galería y vendió NFTs. Los ingresos eran reales y verificables en blockchain.

También participó en proyectos de tokenización de activos y DAOs, ayudando a rediseñar industrias tradicionales.

Aunque enfrentó desafíos como costos altos y complejidad técnica, vio el potencial: un sistema donde creadores, usuarios y comunidades tienen el control.

Finalmente, lanzó su propio proyecto en el metaverso, una comunidad descentralizada donde todos participaban en la gobernanza.

Desde su espacio digital, observando a usuarios de todo el mundo interactuar, Jules comprendió algo esencial:

blockchain no se trata solo de tecnología, sino de libertad, propiedad y colaboración global.

Capítulo 10: Cómo Empezar con la Cadena de Bloques — Billeteras, Exchanges y Cómo Ganar Criptomonedas

Ahora que entiendes cómo funciona la cadena de bloques y la amplia gama de aplicaciones que impulsa, el siguiente paso es aprender cómo comenzar de forma segura y con confianza. Ya sea que tu objetivo sea invertir, construir, generar ingresos o simplemente explorar, necesitas comprender las herramientas y procesos básicos para entrar en el ecosistema blockchain. Este capítulo te guiará a través de lo esencial: crear una billetera, elegir un exchange, comprar criptomonedas, proteger tus activos y comenzar a generar ingresos en la economía descentralizada.

1. Billeteras cripto — Tus llaves digitales
   Una billetera cripto es una herramienta (software o hardware) que te permite interactuar con la blockchain. Almacena tus claves privadas, que son necesarias para acceder y controlar tus activos. Es tu identidad digital y tu caja fuerte.
   Existen dos tipos principales:
   Billeteras calientes: como MetaMask, Trust Wallet o

Coinbase Wallet. Están conectadas a internet y son ideales para uso diario y DeFi.

Billeteras frías: como Ledger o Trezor. Mantienen tus claves offline y son ideales para almacenamiento a largo plazo.

Al crear una billetera, recibirás una frase semilla de 12 o 24 palabras. Escríbela y guárdala offline. Nunca la compartas. Si la pierdes, pierdes el acceso a tus fondos.

2. Exchanges — Donde compras y vendes

   Para comprar criptomonedas, usarás un exchange centralizado (CEX) como:

   Coinbase

   Binance

   Kraken

   Crypto.com

   Estos permiten depositar dinero fiat y comprar criptomonedas fácilmente. Luego puedes transferir tus fondos a tu billetera para tener control total.

   También existen exchanges descentralizados (DEX) como Uniswap o PancakeSwap, donde operas directamente desde tu billetera sin registro.

3. Cómo comprar criptomonedas

   Crear cuenta en un exchange

   Verificar identidad

   Agregar método de pago

Comprar criptomonedas (Bitcoin, Ethereum, etc.)

Transferir a tu billetera privada

Comienza con pequeñas cantidades y practica transferencias para entender direcciones y comisiones.

4. Cómo ganar criptomonedas

Staking: bloquea tus tokens para ganar recompensas

Yield farming: aporta liquidez y gana intereses

Play-to-earn: juegos que pagan en tokens o NFTs

Learn-to-earn: plataformas que te pagan por aprender

Trabajo freelance: recibir pagos en cripto

Nodos: usuarios técnicos pueden operar nodos y generar ingresos

Estas opciones combinan ingresos activos y pasivos dentro del ecosistema blockchain.

5. Mejores prácticas

Verifica direcciones antes de enviar fondos

Usa autenticación de dos factores

No guardes grandes cantidades en exchanges

Evita enlaces sospechosos

Controla tus impuestos y actividad

El éxito en blockchain depende de seguridad, aprendizaje constante y disciplina.

La historia de Nina

Nina, escritora freelance en Berlín, siempre había observado el mundo cripto desde lejos. Le parecía complejo y lleno de términos confusos. Pero decidió dar el primer paso.

Configuró una billetera MetaMask y guardó su frase semilla de forma segura. Luego creó una cuenta en Coinbase y compró $100 en ETH. Cuando transfirió esos fondos a su billetera, sintió que realmente tenía control sobre su dinero.

Comenzó a explorar DeFi, intercambiando tokens en Uniswap y aprendiendo sobre comisiones. También probó el staking y plataformas de aprendizaje que recompensan con criptomonedas.

Cometió errores, como enviar tokens a la red equivocada o quedarse sin fondos para comisiones, pero cada experiencia le enseñó más.

Con el tiempo, Nina pasó de ser principiante a guía para otros. Ayudó a amigos, escribió contenido educativo y se integró completamente en el ecosistema.

Su mayor aprendizaje fue simple: no necesitas ser experto para empezar. Blockchain recompensa la acción, no la perfección. Y dar el primer paso es lo que transforma a un espectador en participante activo del futuro digital.

Epílogo: La Revolución Invisible

Al cerrar este capítulo sobre la cadena de bloques, es importante hacer una pausa y reflexionar, no solo sobre los detalles técnicos o las estrategias de inversión, sino sobre la transformación más amplia que está ocurriendo silenciosamente a nuestro alrededor. Lo que comenzó como una idea marginal en un documento técnico en 2008 se ha convertido en un movimiento global que está redefiniendo cómo entendemos la confianza, el valor, la identidad y el poder en el mundo digital.

La cadena de bloques no es simplemente otra ola tecnológica. Es un cambio de paradigma. Desafía el statu quo que durante tanto tiempo ha favorecido el control centralizado, los sistemas opacos y los intermediarios. Empodera a las personas para convertirse en sus propios bancos, creadores y tomadores de decisiones, sin necesidad de pedir permiso. En muchos sentidos, la cadena de bloques no trata solo de tecnología, sino de libertad, transparencia y descentralización.

Si has llegado hasta aquí, ya has cruzado un umbral que muchos nunca alcanzan. Ahora entiendes los fundamentos: qué es la cadena de bloques, cómo funciona y por qué es importante. Has explorado contratos inteligentes, NFTs, DeFi y el metaverso. Has visto los riesgos, las estafas y las precauciones. Has conocido a personas que están construyendo el futuro bloque a bloque. Y, lo más importante, tienes un mapa para comenzar.

Pero este viaje apenas comienza.

En los próximos años, la cadena de bloques se integrará en tu vida, incluso si no te das cuenta. Tu pasaporte podría convertirse en una credencial verificable almacenada en tu billetera digital. Tu salario podría pagarse en una stablecoin. Tu artista favorito podría lanzar contenido exclusivo como NFTs. Podrías votar en una DAO. Y el primer trabajo de tu hijo podría existir completamente en un mundo virtual, gobernado por contratos inteligentes y economías de tokens.

El cambio ya está en marcha en todos los sectores: finanzas, salud, derecho, videojuegos, educación, cadenas de suministro e identidad. La cadena de bloques no reemplazará todo, pero tocará casi todo. No porque sea una moda, sino porque es más eficiente, segura y justa.

Sin embargo, este poder también conlleva responsabilidad. La cadena de bloques te da control, pero también te hace responsable. No hay botón de reinicio, ni servicio de atención al cliente, ni autoridad central que deshaga errores. Ese es el precio de la soberanía, pero también su mayor belleza. Por primera vez en la historia digital, tus activos, tu identidad y tu futuro realmente te pertenecen.

Entonces, ¿qué sigue?

Empieza a usar una billetera regularmente.
Prueba enviar y recibir criptomonedas.
Explora una DAO o una aplicación DeFi.
Crea o colecciona un NFT.
Lee documentos técnicos, únete a comunidades y mantén la curiosidad.

No necesitas hacerlo todo. Solo empieza con algo. Cada acción, por pequeña que sea, te ayuda a aprender, adaptarte y desbloquear el potencial de este nuevo mundo.

La revolución blockchain no es ruidosa. Está ocurriendo en silencio, línea por línea, bloque por bloque, billetera por billetera. Pero su impacto se sentirá durante generaciones.

Y ahora, tú formas parte de ella.

Bienvenido al futuro descentralizado.

primera vez en la historia digital, tus archivos, tu identidad y tu futuro realmente te pertenecen.

Entonces, ¿qué sigue?

Empieza a usar una billetera de forma segura.
Prueba enviar y recibir criptomonedas.
Explora una DAO o una aplicación DeFi.
Crea o colecciona un NFT.
[illegible] comunidad.

No necesitas entenderlo todo de una vez. Empieza con algo. Cada acción, por pequeña que sea, te ayuda a aprender, adaptarte y desbloquear el potencial de este nuevo mundo.

La revolución descentralizada no es ruidosa. Está ocurriendo en silencio, línea por línea, bloque por bloque, billetera por billetera. Pero su impacto se sentirá durante generaciones.

Y ahora tú formas parte de ella.

Bienvenido al futuro descentralizado.

www.ingramcontent.com/pod-product-compliance
Lightning Source LLC
LaVergne TN
LVHW040522210926
848480LV00007BA/1552
9798295884917